La colección LEER EN ESPAÑOL ha sido concebida
y diseñada por el Departamento de Idiomas
de la Editorial Santillana, S.A.
¡Adiós, papá! es una obra original
de **Óscar Tosal** para el Nivel 1 de esta colección.

Ilustración de la portada: **David Lavedán**

Ilustraciones interiores: **José Garzón Oliver**

Coordinación editorial: **Silvia Courtier**

Dirección editorial: **Pilar Peña**

© 1993 by Óscar Tosal

© de esta edición.
   1993 by Universidad de Salamanca
              Grupo Santillana de Ediciones, S. A.
Torrelaguna, 60. 28043 Madrid
PRINTED IN SPAIN
Impreso en España por UNIGRAF
Avda. Cámara de la Industria,38
Móstoles, Madrid
ISBN: 978-84-934-5379-4
Depósito legal: M-6605-2007

¡ADIÓS, PAPÁ!

ÓSCAR TOSAL

Colección
LEER EN ESPAÑOL

español
Santillana
Universidad de Salamanca

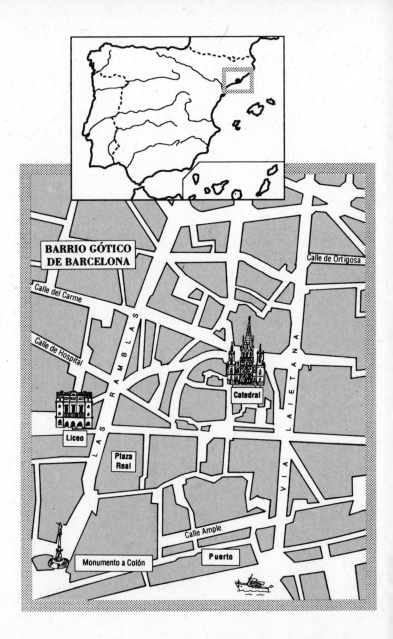

BARRIO GÓTICO DE BARCELONA

Calle de Ortigosa

Calle del Carme

Calle de Hospital

LAS RAMBLAS

VIA LAIETANA

Catedral

Liceo

Plaza Real

Calle Ample

Monumento a Colón

Puerto

I

Martes 3 de octubre

SEIS DE LA TARDE

En un piso de la avenida Diagonal, Javier, el hijo pequeño del doctor Jesús Fernández sale de su habitación con una bolsa en la mano. Es un chico de 17 años, alto, delgado y bastante guapo.

—Adiós, papá —dice—. Voy a jugar al fútbol con mis amigos. ¡Hasta luego!

El doctor Fernández está leyendo un periódico. Mira a su hijo y pregunta:

—¿Vas a cenar en casa?

—Sí, claro... ¿por qué?

—La cena es a las nueve, como todas las noches.

Javier muchas veces llega tarde a cenar.

—Sí, ya lo sé. Siempre cenamos a las nueve, y siempre dices lo mismo —contesta Javier. Parece enfadado.

Luego abre la puerta y sale.

ONCE Y MEDIA DE LA NOCHE

El doctor Fernández pasea por el salón[1] de su casa. Está solo. Javier no ha venido a cenar.

II

Miércoles 4 de octubre

DOS DE LA TARDE

El doctor Fernández está comiendo. Alguien llama a la puerta. Se levanta[2] y abre. Es Jaime, su hijo mayor.

—Hola, Jaime. ¿Has comido?

—No, todavía no. Pero tengo que ir a casa. Clara me espera.

—¿Cómo está Clara?

—Está bien, gracias. Y Javier, ¿no está en casa?

—No. No ha dormido en casa esta noche. Y no ha llamado.

—¡Qué raro!

—Es la primera vez que no viene a dormir a casa... Sabes, estoy preocupado[3]. A lo mejor le ha pasado algo.

—Mmm, es muy joven y, bueno, a los jóvenes les gusta salir...

—Sí, ya lo sé, pero... Ya sabes que tenemos muchos problemas él y yo. No sé si he sido un buen padre para él...

—¡Claro que eres un buen padre!

—Sin vuestra madre todo ha sido muy difícil. Yo he preferido trabajar. Trabajar mucho y he olvidado a mis hijos...

–Seguro que vuelve esta noche...

–Los amigos de Javier no me gustan. Hay uno, Vicente, creo que se llama. Es mucho mayor que él. Además, vende droga[4]...

–Vicente... ¿es amigo de Joanna?

–Sí.

–¿Crees que Javier toma drogas?

–No lo sé, no lo sé. Espero que no...

El doctor Fernández bebe vino y luego mira a su hijo mayor.

–He llamado al colegio pero sus profesores no saben nada de él.

–Podemos esperar hasta esta noche...

* * *

ONCE Y VEINTICINCO DE LA NOCHE

En un piso del Barrio Gótico de Barcelona, el detective Luis Gomis está sentado delante de la televisión con una copa en la mano. Es un hombre gordo. Parece tranquilo y simpático.

Está cansado después de un día de mucho trabajo. El teléfono suena[5] en el mejor momento de la película, claro, como siempre. No lo quiere coger, pero al final se levanta.

–Diga.

–Luis Gomis, por favor.

—Sí, soy yo.

—Buenas noches, Luis, soy Jaime.

—¿Jaime?

—Sí, Jaime Fernández.

—¡Ah, sí, Jaime Fernández! ¡Mi amigo Jaime! ¡Cuánto tiempo sin saber nada de ti! ¿Cómo estás?

—Muy bien. ¿Y tú?... Oye, ¿podemos vernos?

—Sí, claro. ¿Cuándo quieres quedar?

—Mañana, a las 12 de la mañana. ¿Te parece bien?

—Vale. ¿Dónde quedamos?

—En casa de mi padre.

—Un momento, voy a buscar algo para escribir... Dime...

—Sí, la casa está en la avenida Diagonal, número 648, cuarto, primera.

—Avenida Diagonal, mmmm, 648, mmm, cuarto, primera. Pero, ¿qué pasa?

—Es mi hermano Javier...

—¿Javier? ¿Qué pasa con Javier?

—Ayer no durmió en casa, y no sabemos dónde está ahora.

—Ya, entiendo.

—Mi padre está muy preocupado y creo que debes hablar con él.

—Sí, claro. Muy bien. Quedamos así. ¿Vale? Hasta mañana.

Luis deja el teléfono en su sitio y quita la televisión. Es muy tarde ya y quiere irse a la cama; pero en ese momento oye que alguien llama a la puerta.

–¿Quién es? –pregunta.

–¡Hola, Luis! Soy Mónica.

–¡Mónica! Ahora abro. ¿Qué tal?

–Muy bien. He estado en un bar con unas amigas aquí cerca. Y aquí me tienes. ¿Quieres venir a tomar una copa?

–¿Ir a tomar una copa? ¿Ahora?

–Sí, ¿te parece tarde?

–Bueno, no, no... vale, vamos a tomar algo.

Está claro que esta noche Luis no va a poder dormir. Pero está contento. Le gusta mucho salir con Mónica.

–¿Qué pasa, Luis?
–Problemas, problemas…

III

Jueves 5 de octubre

CUATRO DE LA MAÑANA

Luis vuelve a su piso con Mónica. Están contentos.

–Luis, voy al baño. He bebido demasiado.

Luis deja la chaqueta en una silla y se sienta. Entonces[6] ve que en el contestador automático[7] hay una llamada. La escucha: *Luis, soy Jaime. Alguien ha llamado a mi padre. Le ha dicho que ha secuestrado[8] a Javier. Quiere veinte millones de pesetas por él. Por favor, Luis, ven antes. Ven a las siete de la mañana.*

«A las siete, ¡nada menos!», piensa Luis.

Mónica entra en aquel momento.

–¿Qué pasa, Luis? –pregunta.

–Problemas, problemas... –contesta.

* * *

SIETE Y CUARTO DE LA MAÑANA

–... y esto es todo... –termina el doctor Fernández.

Jaime está sentado cerca de su padre, y Luis Gomis mira a los dos hombres.

–Creo que es mejor llamar a la policía –dice Luis.

–Ya lo hemos pensado –dice el doctor–, pero...

–Hay un problema –sigue Jaime–. No sabemos si Javier toma drogas... Por eso preferimos no llamar a la policía.

–Los amigos de Javier pueden saber algo de él –dice el padre–. A lo mejor alguno de ellos...

–Sabes, Luis, mi hermano tiene unos amigos muy raros. Uno de ellos, Vicente, vende droga. Y hay una chica, una mujer de treinta y dos años... Joanna Rosell. Parece que se ven mucho –dice Jaime.

–¿Es su novia[9]? –pregunta Luis.

–Sí, algo así –contesta el doctor Fernández.

–¿Sabe dónde vive? –pregunta Luis.

–Sí, en la calle del Carme, cerca de las Ramblas. Vive sola.

–¿La conoce usted?

–Bueno... sí, la he visto.

–¿Y ha hablado con ella?

–Ahora no, pero fui a su casa hace algún tiempo. Para hablar de mi hijo. No me gusta esa mujer. Es muy mayor y Javier es un niño.

–¿Javier sabe que usted habló con ella?

–No sé, yo no le dije nada, pero...

–Pero seguro que lo sabe por ella...

* * *

SIETE Y MEDIA DE LA MAÑANA

En un piso de la calle Ample, número 42...

—¿Cómo estás, Joanna?

—Bien, he dormido muy bien.

—Pues yo no he podido dormir en toda la noche.

—¿No? ¿Estabas nervioso, Javier?

—Sí, un poco, pero ahora me encuentro mejor.

—¿Quieres un vaso de agua?

—No, gracias. Voy a dormir un poco más.

—Yo también.

—Joanna, ¿tú crees que...?

—¿Qué?

—No, nada...

Un gato[10] negro pasea por la habitación.

* * *

NUEVE Y MEDIA DE LA MAÑANA

Luis Gomis llama a la puerta de un piso de la calle de Hospital, en el Raval. No contesta nadie. Llama otra vez. Oye ruidos dentro de la casa y sabe que hay alguien. Espera. Por fin un hombre alto y fuerte, de unos treinta años, abre la puerta. «¡Mi madre! —piensa Luis—, ¡qué alto es este chico, dos metros al menos!»

—¿Qué quiere? —pregunta enfadado el hombre.

—¿Vicente Márquez?

–Soy yo.

–Usted es amigo de Javier Fernández, ¿verdad?

–Sí. ¿Y qué?

–Su padre no sabe nada de él desde el martes.

–¡Qué suerte tiene!

–¿Usted sabe dónde está?

–¿Yo? ¿Por qué me lo pregunta?

–Yo creo que lo sabe...

–Oiga, señor, yo no sé nada de Javier. Y dígame, ¿qué hora es?

Luis mira su reloj:

–Las nueve y media.

–Pues yo, a las nueve y media, duermo.

Y Vicente, sin decir nada más, cierra la puerta. Luis se queda parado unos minutos antes de bajar la escalera. No le ha gustado Vicente.

DIEZ MENOS CUARTO DE LA MAÑANA

Casi enfrente de la casa de Vicente hay un bar y Luis Gomis entra. Quiere desayunar. Muy lejos queda su primer café, un café solo, sin más, tomado a las seis de la mañana.

Un cuarto de hora más tarde ve desde su mesa que Vicente sale de su casa. Éste se para delante del bar un minuto y luego entra. Va hacia el detective.

–¿Qué pasa? –pregunta Luis entonces–. ¿No duerme a las diez de la mañana?

—Ya ve que no —contesta Vicente—. Y usted, ¿todavía quiere saber dónde está Javier? Pues le voy a decir una cosa: el chico se ha ido a Bilbao con su novia.

—¿Con Joanna?

—Sí. Van a ir a casa de unos amigos...

—¿Dónde viven esos amigos?

—No lo sé. Pero antes van a pasar unos días en Zaragoza. Joanna conoce a gente allí...

—¿Y la dirección[11] de esa gente? No me la va a decir, claro...

—Pues... sí. Mire, la escribo aquí, en este papel[12]. ¿Vale?

—¿Por qué me dice todo esto ahora? Antes no sabía nada...

—¿Y por qué no?

—Bueno, entonces ahora ¿también me va a decir si Javier toma drogas?

Vicente mira a Luis con ojos divertidos.

—¿Quién sabe? Esos jóvenes...

—Una última pregunta, Vicente. ¿Sabe dónde vive Joanna en Barcelona?

—Sí, en la calle del Carme, 22, primero, primera.

«Sí —piensa Luis—, ésta es la calle, Jaime me dio esa dirección.»

* * *

ONCE MENOS CUARTO DE LA MAÑANA

Luis Gomis llega al piso de Joanna en la calle del Carme. Llama a la puerta, pero no contesta nadie. Como antes, en casa del amigo Vicente. ¡Qué gente! Llama otra vez. Pero no, no hay nadie. Vicente ha dicho la verdad. Se han ido. Luis decide[13] volver a casa.

* * *

ONCE Y MEDIA DE LA MAÑANA

En el piso de la calle Ample...

—Joanna, estoy nervioso... desde que ha venido Vicente —dice Javier—. ¿Por qué ha venido ahora? No me ha gustado.

El chico tiene un vaso de agua en la mano. Joanna lo escucha, tranquila.

—¿Qué quería? ¿Tú qué crees?

—Ya lo oíste: quería decirte que tu padre ha llamado a un detective. Y que al detective él lo mandó a Zaragoza. Pero tú, ¿por qué le has hablado de la llamada de ayer?

—No lo sé. Quizas he sido un poco tonto. —Bebe un poco de agua.— No me gusta esta casa, sabes. ¿Vamos a estar mucho tiempo aquí?

—No, dentro de una semana el amigo de Vicente vuelve y debemos dejar la casa.

Javier se levanta y mira por la ventana. Algunos coches pasan por la calle.

–Es verdad... una semana aquí...

Se sienta otra vez.

–Joanna, no quiero a papá. Tú no le gustas. Piensa que no debo verte. Sólo me habla de mis estudios. Siempre dice lo mismo: «Es tarde, Javier, vete al colegio ya; estudia, Javier, ¿no tienes exámenes o qué?...»

–Bueno, aquí tu padre no te va a encontrar... –dice Joanna.

–No, ja, ja, ja... Él y su detective nos van a buscar en Bilbao o en Zaragoza, ¿verdad?

Javier se ha sentado. Por unos momentos parece más tranquilo. Ha cogido el periódico. Joanna le ha traído una taza[14] de café. Pero no, no puede pensar en otra cosa.

–Joanna –pregunta ahora–, ¿tú crees que Vicente es peligroso?

–¿Peligroso? ¿Por qué, Javier?

–Bueno, ahora él sabe que yo he llamado a papá para pedirle los veinte millones. Él puede seguir con el juego y pedir el dinero de verdad.

–¿Piensas que Vicente puede hacer una cosa así?

–Pues... no sé. Ya sabes que ha tenido problemas con la policía. Siempre tiene dinero, pero no ha trabajado nunca.

–Pero Vicente es nuestro amigo, ¿no?

–No sé, no sé... Vicente me asusta[15]. Yo no quiero a papá, pero no quiero ver a Vicente con el dinero de papá.

–Tú dices que no quieres a tu padre, pero...

—Yo sólo quería a mamá.

—Dime, ¿cómo era?

Javier juega con la taza de café.

—Ella murió[16] hace años. Yo era muy pequeño...

—Y ahora también eres un niño.

La taza de café cae[17] al suelo y se rompe.

* * *

ONCE Y MEDIA DE LA MAÑANA

Luis, el detective, ha vuelto a su casa. Su amiga Mónica está durmiendo. Él va a la cocina y se prepara otro café. Después llama a Jaime.

—¿Qué tal, Jaime? ¿Hay algo nuevo?

—Sí. Otra llamada de teléfono a mi padre. Debemos dejar el dinero a las tres en una calle del puerto. O pagamos o ellos nos mandan[18] un dedo[19] de Javier. ¿Qué hacemos?

—Jaime, escucha. Espera un poco más. Creo que Javier no está secuestrado. Creo que está en Zaragoza o en Bilbao con Joanna, como dijo ese Vicente. Voy a ir a Zaragoza a buscarlo. Vicente me dejó la dirección. Te llamo desde allí.

Luis vuelve a su habitación.

—Mónica, Mónica... Tienes que hacer algo por mí...

IV

Jueves 5 de octubre

<small>TRES MENOS VEINTE DE LA TARDE</small>

Luis para el coche delante de un bar entre Barcelona y Zaragoza. Tiene sueño[20]. Durmió poco ayer y la autopista[21] lo cansa.

—Un café, por favor —pide al camarero.

Bebe el café rápido y paga. No quiere perder tiempo. Desde la puerta ve que un «Citroën» está parado cerca de su coche. Delante, dos hombres están hablando. Miran a Luis. Éste va hacia ellos.

—¿A dónde vas? —le pregunta el primero.

El otro hombre tiene una pistola[22] en la mano, y Luis no tiene tiempo de contestar...

<small>TRES MENOS DIEZ DE LA TARDE</small>

El «Citroën» ya está lejos. Los hombres han dejado a Luis en el suelo con la cara llena de sangre[23]. Parece estar muerto, pero no, por fin se levanta. Casi no puede andar. Le han dado una buena paliza[24]. Entra otra vez en el bar y pregunta al camarero si hay un teléfono.

—Sí, allí abajo, a la derecha.

Luego, Luis mira su reloj. Está roto.

–¿Qué hora es, por favor? –pregunta al camarero.

–Las tres menos diez.

–Gracias.

El detective hace una llamada de teléfono, pero nadie contesta. Llama a otro número. Ahora sí, alguien coge el teléfono.

–¿Sí? ¿Diga?

–¿Mónica? Soy Luis.

–Hola, Luis. ¿Cómo estás?

–Bastante mal, la verdad. Unos hombres han querido matarme...

–¿Qué dices? ¿Qué ha pasado? ¿Luis, dónde...?

–Tranquila, Mónica. Escucha, he llamado a Jaime, pero no contesta. Llamalo tú hasta encontrarlo. Le dices: «Paga o llama a la policía».

–«Paga o llama a la policía». De acuerdo... Pero, Luis, dime dónde estás.

–Estoy cerca de Zaragoza. Voy a dejar el coche aquí y tomar un avión para volver a Barcelona. Creo que Vicente es el secuestrador. El viaje a Zaragoza y Bilbao ha sido una trampa[25]. Ahora, ve a casa de Vicente y quédate en el bar de abajo. Creo que Javier está en su casa, pero puede llevarlo a otro sitio...

* * *

CUATRO DE LA TARDE

Mónica está en el bar de la calle de Hospital, enfrente de la casa de Vicente. Ve salir del portal a un hombre muy, muy alto. Tiene el pelo largo, como le dijo Luis. Es Vicente, seguro. Mónica lo sigue.

* * *

CINCO DE LA TARDE

En la casa de la calle Ample Joanna está jugando con el gato. Javier lee un periódico.

–¿Has visto, Joanna? –dice Javier–. *Las tortugas Ninja*[26] en el cine...

–¿Sí? –dice Joanna–. ¿Y qué?

En ese momento alguien llama a la puerta.

–Abro yo –dice ella.

–¡Otra vez estoy aquí! –dice Vicente desde la puerta.

–Pasa, pasa...

–Dame un cigarrillo, Javier.

–Son de Joanna, yo no fumo.

–Coge, coge –dice ésta.

Joanna va a la cocina para preparar un café y deja a Vicente con Javier.

–Voy a llamar por teléfono –dice Vicente–. Un chico me debe dinero... ¡Ah!, sabes, Javier, creo que es uno de tus amigos.

–Te doy una hora, sólo una hora. No puedo esperar más.
Vicente se ríe. Parece muy contento. Pero en ese momento ve que
Javier lo mira.

–¿Quién?

–Raúl.

–No es mi amigo. Lo conozco, y eso es todo. ¿Dices que te debe dinero?

–Mucho... y me va a pagar.

–¿Estás seguro? Raúl no tiene dinero.

–La droga se paga...

Vicente va hasta el teléfono. Javier lo mira. Está preocupado. «¿Con qué dinero va a pagar Raúl? –piensa–. ¿Cómo puede Vicente estar seguro?»

–¿Raúl? –pregunta Vicente–, soy yo. ¿Vas a estar en casa?

–Pues... no sé... creo que sí –contesta Raúl al otro lado del teléfono.

–Muy bien, espérame allí. Quiero hablar contigo. ¿Tienes el dinero?

–Oye..., la verdad es que no...

–Ya sabes. Debes pagarme hoy.

–Sí, lo sé y te voy a pagar, pero...

–Te doy una hora, sólo una hora. No puedo esperar más. Hasta luego.

Vicente se ríe. Parece muy contento. Pero en ese momento ve que Javier lo mira. Para de reír y sin esperar el café se va. Desde la puerta sonríe a Javier y le dice:

–¡Ah, me olvidaba! Puedes estar tranquilo. Tu detective no va a dar más problemas.

CINCO Y VEINTE DE LA TARDE

Mónica ha seguido a Vicente y pasea por la calle Ample con un periódico en la mano. Parece estar leyendo, pero no. Sus ojos están puestos en un portal. Allí entró Vicente hace quince minutos. El día se ha puesto gris. Por fin Vicente sale a la calle. Está fumando. Entra en un bar, y desde fuera Mónica ve que compra cigarrillos y luego llama por teléfono. No toma nada. Sale otra vez.

En ese momento llega el autobús número 64. Vicente corre para cogerlo. ¡Uf! Mónica también puede subirse. Se queda cerca de la puerta. Tres paradas[27] después se baja Vicente, y Mónica detrás.

* * *

SEIS MENOS CUARTO DE LA TARDE

—Joanna, ¿tú crees que Vicente...?

—¿Todavía estás preocupado por Vicente?

—Sí. No sé... El dinero de Raúl, el detective...

—Ya sabes cómo es Vicente. Le gusta hablar, hacerse el interesante.

Javier se levanta y va a la cocina. El gato lo sigue.

—¿Tienes hambre? —pregunta al animal.

Javier prepara la comida del gato. Éste come y él bebe un vaso de agua. Vuelve al salón. Joanna lo mira y sonríe. Javier le da un beso[28].

—Voy a ir a casa de Raúl –dice.

—¿Para qué? –pregunta Joanna.

—Estoy preocupado. Vicente no me gusta, y Raúl es bastante raro. No sé qué puede pasar. Eres como mi padre: «Haz esto, haz aquello...»

—Sí, claro, ve a casa de Raúl.

—Ahora decido yo solo, sabes...

—Bien hecho, Javier.

—... y me gusta. No soy un niño, y eso lo van a entender todos.

* * *

SEIS MENOS DIEZ DE LA TARDE

Luis está en el aeropuerto de Zaragoza con su billete en la mano. Está hablando por teléfono con Jaime.

—¿Y qué han dicho los secuestradores esta vez?

—Estaban muy enfadados. Quieren el dinero hoy a las nueve o matan a Javier. Ya me han dicho dónde dejarlo, en el puerto.

—Bueno, Jaime. No podemos esperar más. Prepara el dinero. Vamos a dejarlo allí antes de las nueve.

—¿Y el dedo? ¿Tu crees que han cortado un dedo a Javier?

—No, no lo creo. Eso era sólo para asustaros. Y ya saben que vais a pagar.

Luis no ha dicho a Jaime que dos hombres le han dado una paliza. No ha querido preocuparlo más. Pero él sabe ahora que esa gente es peligrosa...

* * *

SEIS Y MEDIA DE LA TARDE

Javier llega a casa de Raúl, un piso de la calle de Ortigosa. Se para delante de la puerta sin hacer ruido y escucha. Oye cómo Raúl está hablando con Vicente.

—De verdad, de verdad, Vicente, vas a tener tu dinero... pero espera un poco. Ahora no puedo pagarte. No lo tengo...

Raúl parece estar muy nervioso, pero desde fuera Javier no oye muy bien. Una ventana del piso da a la escalera. No está bien cerrada. Con cuidado Javier la abre un poco más y se prepara para escuchar mejor. En ese momento le llega un ruido desde abajo. Alguien ha abierto la puerta de la calle y sube. Javier espera. Ahora, con la ventana abierta, oye bien.

—Hoy era el último día —dice Vicente—. No quiero esperar más...

Javier oye un ruido de llaves en el piso de abajo. Una puerta se cierra. Ahora no hay nadie en la escalera. Javier se decide: va a entrar. Pasa una pierna[29], la otra; y ya está dentro del piso. Oye muy bien a Raúl y a Vicente reírse.

–Te vas a hacer rico conmigo, ja, ja, ja... –está diciendo Vicente.

–Sí, esto está muy bien. Sí, de verdad. ¡Tú eres un amigo! Y ahora, ¿qué hacemos?

–Esperar hasta las nueve menos cuarto. Luego tú vas a coger el dinero –en la calle Plata, número 3, ya sabes–; y lo llevas a mi casa. Nadie te va a seguir, seguro... Están asustados. Piensan que podemos matar a su niño. No van a hacer nada.

–Ja, ja –se ríe Raúl–, podemos matarlo o al menos cortarle un dedo, ¿verdad? Ja, ja, un dedo de Javier... ¡qué divertido!

–Sí, sí –dice Vicente–. Pero tráeme el dinero rápido o te corto un dedo a ti. ¿Entendido?

Un minuto después Vicente sale y baja las escaleras rápido. En la calle, Mónica se prepara para seguirlo. Ha empezado a llover.

Arriba Javier se ha quedado solo con Raúl.

* * *

OCHO MENOS DIEZ DE LA TARDE

Una moto se para delante del número 648 de la avenida Diagonal. Un joven vestido de negro baja de la moto. Sube al piso cuarto y llama a la puerta primera.

–¿Señor Fernández? Un paquete para usted.

El doctor Fernández vuelve al salón con el paquete.

—¿Quién era? —pregunta Jaime.

—Es un paquete para mí —contesta su padre.

Se sienta y lo abre. Entonces se queda blanco. No puede hablar. En el paquete ha visto un dedo con sangre. Un dedo y un papel: *Ya sabes. Queremos los veinte millones a las nueve.*

V

Jueves 5 de octubre

OCHO Y CUARTO DE LA TARDE

El detective Luis Gomis ha llegado a casa del doctor Fernández. Está hablando con Jaime y Clara, su mujer. El padre de Javier, sentado en una esquina de la habitación, escucha sin decir nada. Su cara no tiene color y los mira con ojos cansados.

—Ahora tenemos prisa. Nos queda menos de una hora hasta las nueve —empieza Luis— y debemos encontrar a ese Vicente.

—Lo sabía... Ese Vicente nunca me gustó. Lo sabía... —dice el doctor Fernández una y otra vez.

—¿Crees que Javier puede estar en casa de Vicente? —pregunta Clara a Luis.

—Es muy posible. Esta mañana no me dejó entrar. Debo volver allí para saberlo. ¿Mónica no llamó, verdad?

—¿Mónica? ¿Tu amiga? —pregunta Jaime.

—Sí. Ella iba a seguir a Vicente. Debe llamar aquí para decirme si ha visto algo interesante —explica Luis.

—Pues no, no ha llamado.

—Entonces, ¿qué hacemos?

–De momento, para no correr peligro vamos a dejar el dinero. Jaime, ¿estás preparado?

–Sí. El dinero está aquí, en este paquete.

–Muy bien. Vete ahora, y vuelve pronto. ¡Suerte!

–Ten cuidado, por favor, Jaime –dice Clara.

Jaime, muy decidido, sale con el dinero. Unos minutos después suena el teléfono. Luis lo coge.

–Hola, soy Mónica.

–¿Dónde estás?

–Enfrente de la casa de Vicente.

–¿Y él?

–Está en su casa.

–Quédate allí. Voy ahora mismo.

NUEVE Y DIEZ DE LA NOCHE

–¿Diga?

–Aquí el inspector Pérez. ¿El señor Fernández…?

–Sí, un momento.

Clara mira al doctor.

–Es la policía.

–¡La policía! ¡Dios mío!

El doctor Fernández se ha levantado, muy nervioso para coger el teléfono.

–¿Diga?

–Buenas noches. Soy el inspector Pérez. ¿Es usted el doctor Jesús Fernández?

–Sí, soy yo.

–Doctor, en la calle de Ortigosa hemos encontrado a un chico muerto. Llevaba este teléfono en el bolsillo de la chaqueta.

–¿Muerto, ha dicho usted?

El doctor Fernández escucha. Clara sólo le oye varias veces contestar que sí. Por fin termina de hablar.

–¿Qué ha pasado? –pregunta Clara.

–La policía ha encontrado a...

–¿Javier?

–Parece que sí.

–¿Qué ha pasado? –pregunta Clara.

–Alguien ha llamado a la policía para decir que pasaba algo en un piso de la calle de Ortigosa. Han ido allí y... –el doctor Fernández no puede seguir.

–¿Quiere un vaso de agua?

–No. Me voy a verlo. El chico tiene un dedo menos...

* * *

NUEVE Y MEDIA DE LA NOCHE

Luis y Mónica están enfrente de la casa de Vicente, en el bar.

–¿Y cuánto tiempo estuvo en el piso de la calle de Ortigosa? –pregunta Luis.

–Media hora, más o menos –contesta la chica.

—¿Entró o salió alguien en este tiempo?

—Espera... en este tiempo... —sigue Mónica— ... sí, entró un chico joven... y luego, un señor mayor con una niña rubia.

—Muy bien, Mónica, muchas gracias.

—De nada. Y ahora, ¿qué vas a hacer?

—Primero, llamar a Jaime a casa de su padre para saber qué ha pasado...

Otra vez contesta Clara.

—No, señor Gomis. Jaime todavía no ha vuelto. Yo estoy sola. El padre de Jaime ha ido... —la chica casi no puede hablar—. La policía ha llamado a casa... Javier está... La policía ha encontrado a Javier... muerto... en la calle de Ortigosa...

—¡Oh, no! No puede ser...

Luis vuelve hacia Mónica.

—Mónica, la policía ha encontrado a Javier muerto...

—¿Muerto?

—Sí, eso parece. Ahora, escúchame. Yo voy a subir al piso de Vicente. Tú ve a casa del padre de Jaime. Aquí tienes la dirección —Luis la escribe en una página del periódico—. Llámame desde allí. Seguro que el doctor tiene el teléfono de Vicente. ¿Vale?

—De acuerdo.

* * *

DIEZ MENOS CUARTO DE LA NOCHE

Luis Gomis llama a la puerta. Sabe por Mónica que Vicente está en su casa. Y esta vez lo va a dejar entrar. El detective oye que está ahí, detrás de la puerta.

—¿Raúl? ¿Eres tú? —pregunta Vicente.

—Sí —contesta Luis, con una mano delante de la boca.

—¿Tienes el dinero?

—Sí...

—¡Somos ricos! —Vicente ríe y abre—. ¿Qué hace usted aquí? —dice con otra cara.

—¿No me esperabas? ¿Esperabas veinte millones, no?

Vicente quiere cerrar la puerta pero Luis Gomis es más rápido. Pone un pie dentro, y Vicente no puede hacer nada.

—Pero, ¿de qué millones me está hablando? —pregunta Vicente—, yo espero las treinta mil pesetas de Raúl...

—¿Otra trampa? —dice Luis, ya con su pistola en la mano—. A mí no me mataste, pero a Javier sí, ¿verdad?

—¿A Javier? ¿Javier está muerto?

—¡Eso lo sabes tú mejor que yo!

—Ja, ja, ja... no señor, yo no he matado a nadie.

Luis coge a Vicente por la camisa.

—¡Y tú vas a pagar por eso! Pero primero vamos a esperar a Raúl —sigue Luis—. Pronto vamos a ver si son veinte millones o treinta mil pesetas...

* * *

El doctor Fernández ve el cuerpo de un chico alto y delgado. Ve que tiene un dedo menos en la mano derecha.

DIEZ MENOS DIEZ DE LA NOCHE

–¿Señor Fernández? Por aquí, por favor. Es aquí, pase –dice un médico al padre de Jaime y Javier.

Los dos hombres han entrado en una gran habitación muy fría.

El médico levanta la sábana[30] de una cama y espera.

–¿Es su hijo? –pregunta por fin.

El doctor Fernández ve el cuerpo de un chico alto y delgado. Ve que tiene un dedo menos en la mano derecha. Mira sin moverse, sin decir nada. Mira y parece que va a llorar. Pero en vez de llorar empieza a reír. Ríe y ríe sin parar.

–¡No! No es Javier –contesta por fin, más tranquilo.

Ahora sí llora el doctor Fernández. El médico lo mira, preocupado. En ese momento Jaime entra en la sala.

–Papá, ¿es Javier?

Jaime lleva un paraguas en la mano. Fuera, en la calle, llueve.

* * *

DIEZ Y MEDIA DE LA NOCHE

En casa de Vicente, éste y el detective Luis Gomis están esperando a Raúl. Vicente está muy nervioso.

–Oiga –dice una y otra vez–, yo no he matado a Javier.

–Eso, cuéntalo luego a la policía.

—Pero escuche...

En ese momento suena el teléfono.

—Lo cojo yo —dice Luis Gomis—. Tú quédate aquí.

—¿Diga?

—Luis, soy yo, Mónica.

—Hola. ¿Algo nuevo?

—Sí, han vuelto a casa Jaime y su padre. Dicen que el muerto no era Javier.

—¿Qué?

—Sí, la policía no sabe quién es. Jaime ha dejado el dinero, pero Javier todavía no ha vuelto.

—¿El muerto no era Javier? Entonces... —Luis mira a Vicente.

—¿Lo ve? —dice éste.

—Oye, Vicente, ¿Raúl vive en la calle de Ortigosa?

—Sí, ¿y qué?

—Nada, me parece que ahora entiendo... y no me gusta. No, no me gusta. Vicente, creo que tu amigo Raúl ha muerto, y que tú te has quedado sin el dinero. Alguien ha sido más listo que tú y que yo...

Epílogo

Lunes 30 de octubre

SIETE Y MEDIA DE LA TARDE

El doctor Fernández llega a casa después de trabajar. Está cansado. Hay algunas cartas para él sobre la mesa. Entre ellas también ve una postal[31] de Río de Janeiro. «¡Qué raro!», piensa. No conoce a nadie en Brasil. Coge la postal y la mira. Entonces lee:

¡Besos desde Brasil!

Javier y Joanna.

SOBRE LA LECTURA

Para comprobar la comprensión

I

SEIS DE LA TARDE

1. Javier es...

- ☐ *el hijo mayor de Jesús Fernández.*
- ☐ *el hijo pequeño de Jesús Fernández.*
- ☐ *el hermano de Jesús Fernández.*

2. A las once y media de la noche...

- ☐ *Javier está en la cama durmiendo.*
- ☐ *Javier está cenando con su padre.*
- ☐ *Javier no ha vuelto a casa.*

II

DOS DE LA TARDE

3. El hermano mayor de Javier piensa que su padre...

- ☐ *no debe preocuparse demasiado.*
- ☐ *debe llamar a la policía.*
- ☐ *debe llamar a todos los amigos de Javier.*

ONCE Y VEINTICINCO DE LA NOCHE

4. *Luis Gomis...*

☐ *no quiere oír hablar de Javier.*
☐ *quiere ayudar a Jaime Fernández.*
☐ *no quiere hablar con Jesús Fernández.*

5. *Mónica...*

☐ *es la mujer de Luis.*
☐ *es la hija de Luis.*
☐ *es una amiga de Luis.*

III

CUATRO DE LA MAÑANA

6. *Luis escucha una llamada en su contestador automático. Esta llamada...*

☐ *le parece divertida.*
☐ *le preocupa.*
☐ *no le parece importante.*

7. *Alguien ha llamado al padre de Javier para...*

☐ *decirle dónde está secuestrado su hijo.*
☐ *pedirle dinero.*
☐ *preguntarle dónde está su hijo.*

Siete y cuarto de la mañana

8. *Jaime y su padre...*

   ☐ *no quieren llamar a los amigos de Javier.*
   ☐ *no quieren llamar a la policía.*
   ☐ *quieren llamar a la policía.*

9. *Los amigos de Javier...*

   ☐ *son también amigos de su padre.*
   ☐ *le gustan a Jesús Fernández.*
   ☐ *le parecen a su padre gente peligrosa.*

Diez menos cuarto de la mañana

10. *En el bar, Vicente y Gomis...*

    ☐ *se ven pero no se hablan.*
    ☐ *no se ven.*
    ☐ *se hablan.*

Once menos cuarto de la mañana

11. *Joanna...*

    ☐ *no está en su casa de la calle del Carme.*
    ☐ *está en su casa pero no contesta.*
    ☐ *no quiere abrir la puerta.*

ONCE Y MEDIA DE LA MAÑANA

12. *Javier está nervioso porque...*

☐ antes ha venido Vicente.

☐ Joanna está enfadada.

☐ quiere volver a su casa.

13. *Luis Gomis cree que Javier...*

☐ está secuestrado, en Barcelona.

☐ está libre, en Zaragoza o Bilbao.

☐ está libre, en Barcelona.

IV

CINCO DE LA TARDE

14. *Vicente llama a Raúl porque...*

☐ Raúl le debe dinero.

☐ quiere ir al cine con él.

☐ quiere comprarle droga.

CINCO Y VEINTE DE LA TARDE

15. *Mónica está...*

☐ paseando para conocer la ciudad.

☐ comprando el periódico.

☐ siguiendo a Vicente.

42

SEIS MENOS CUARTO DE LA TARDE

16. *Javier decide...*

☐ *ir a ver a su padre.*

☐ *ir a casa de Raúl.*

☐ *quedarse en casa con Joanna.*

SEIS MENOS DIEZ DE LA TARDE

17. *La familia de Javier...*

☐ *ha decidido pagar.*

☐ *ha decidido no pagar.*

☐ *no sabe si pagar o no pagar.*

V

OCHO Y CUARTO DE LA TARDE

18. *Luis Gomis dice que es mejor...*

☐ *dar el dinero y olvidarse.*

☐ *no dar el dinero.*

☐ *dar el dinero y buscar a Vicente.*

DIEZ MENOS CUARTO DE LA NOCHE

19. *Luis cree que Vicente...*

☐ *ha matado a Javier y a Joanna.*

☐ *ha matado sólo a Javier.*

☐ *no ha matado a nadie.*

DIEZ Y MEDIA DE LA NOCHE

20. *Luis entiende al final que...*

☐ *Javier ha muerto.*

☐ *Raúl ha muerto.*

☐ *Jaime ha muerto.*

EPÍLOGO

21. *Los veinte millones los tiene...*

☐ *Vicente.*

☐ *el doctor Fernández.*

☐ *Javier.*

Para hablar en clase

1. *¿Quién mató a Raúl y se quedó con el dinero de Jesús Fernández? ¿Le ha sorprendido a usted el final de la historia? ¿Por qué?*

2. *¿Qué opina sobre el personaje de Javier?*

3. *¿Qué opina sobre el problema de las drogas? ¿Es un problema importante en su país?*

4. *¿Cree usted que los jóvenes tienen ahora más problemas que antes con sus padres? ¿Por qué?*

5. *¿Le gustan las novelas o películas de detectives?*

NOTAS

Estas notas proponen equivalencias o explicaciones que no pretenden agotar el significado de las palabras o expresiones siguientes sino aclararlas en el contexto de *¡Adiós, papá!*

m.: masculino, *f.:* femenino, *inf.:* infinitivo.

1 **salón** *m.:* en una casa, habitación grande que se usa para recibir a las visitas, hacer reuniones, ver la televisión, etc.

2 **se levanta** (*inf.:* **levantarse**): se pone de pie.

3 **preocupado:** lo contrario de tranquilo, con cierto miedo.

4 **droga** *f.:* sustancia peligrosa como el L.S.D., por ejemplo.

5 **suena** (*inf.:* **sonar**): produce un ruido o sonido, se oye.

6 **entonces:** en aquel momento.

7 **contestador automático** *m.:* aparato que recoge y contesta a las llamadas telefónicas de una persona cuando no está en casa.

contestador automático

8 **ha secuestrado** (*inf.:* **secuestrar**): ha cogido y retenido contra su voluntad a una persona. El **secuestrador** (*m.*) es la persona que realiza esta acción.

9 **novia** *f.:* chica con la que un chico se quiere casar o con la que tiene relaciones amorosas más o menos formales.

10 **gato** *m.:* pequeño animal doméstico de pelo suave; ve muy bien de noche; le gusta el pescado y la leche.

11 **dirección** *f.:* nombre y número de la calle donde vive una persona.

12 **papel** *m.:* lámina delgada en la que se escribe, dibuja, etc.

13 **decide** (*inf.:* **decidir**): elige entre varias posibilidades, piensa que es mejor hacer una cosa o la otra.

14 **taza** *f.:* recipiente pequeño que sirve para tomar bebidas, café o té, por ejemplo.

taza

15 **asusta** (*inf.:* **asustar**): da miedo, es decir una sensación de intranquilidad y alarma causada por algo peligroso.

16 **murió** (*inf.:* **morir**): dejó de vivir.

17 **cae** (*inf.:* **caer**): va a parar al suelo, llevada por su propio peso.

18 **mandan** (*inf.:* **mandar**): hacen llegar algo (una carta, un paquete, etc.) a algún sitio.

19 **dedo** *m.:* cada una de las cinco partes que terminan la mano del hombre.

20 **tiene sueño** (*inf.:* **tener sueño**): siente necesidad de dormir.

21 **autopista** *f.:* carretera ancha de características especiales para la circulación rápida de automóviles.

22 **pistola** *f.:* arma de fuego corta que se utiliza con una sola mano.

pistola

23 **sangre** *f.:* líquido de color rojo que circula por todo el cuerpo humano.

24 **paliza** *f.:* conjunto de golpes dados a una persona para hacerle daño y asustarla.

25 **trampa** *f.:* aquí, hacerle creer una cosa que no es verdad y mandarle lejos del sitio donde puede descubrir algo.

26 **Las tortugas Ninja**: película americana (de los Estados Unidos) para niños, muy popular en los años noventa.

parada (de autobús)

27 **paradas** *f.:* lugares donde para el autobús y la gente sube o baja.

28 **beso** *m.:* acción de **besar**, que es tocar a alguien con la boca por afecto u amor, o simplemente como saludo.

29 **pierna** *f.:* parte inferior del cuerpo humano que sirve para andar.

(tarjeta) postal

30 **sábana** *f.:* pieza de tela que se utiliza como ropa de cama; normalmente se usan dos y la persona que se acuesta se coloca entre ellas.

31 **postal** *f.:* también, **tarjeta (postal)** *(f.)*; papel fuerte que utilizamos para escribir a nuestros amigos y familiares; en una cara escribimos, en la otra hay una ilustración o fotografía.